Text: Peter Lydén, Gunilla Kruse
Bild: Peter Lydén, Per Lindhé, Jonas Rydin,
Lisa Nestorson, Göran Assner
Formgivning och illustrationer: Anna Råberg
LYXO Förlag, 2015

Tredje utgåvan
Tryck: Boktryckarna / Lyxo - www.boktryckarna.se
ISBN: 978-91-976116-5-7

Handelsbod

INNEHÅLL / CONTENTS

FAKTA OM BOHUSLÄN / FACTS ABOUT BOHUSLÄN

Landskap / Province

Bohuslän (Göteborg ligger i ett annat landskap, Västergötland)
Bohuslän (Gothenburg is in another province, Västergötland)

Stift / Diocese

Göteborgs stift
Gothenburg Diocese

Yta / Area

4 473 km²

Folkmängd / Population

- Totalt: 294 000
- Befolkningstäthet: 65,7 inv/km²
- Total: 294,000
- Population density: 65.7 pers/km²

Län / County

Västra Götalands län
(Göteborg ligger i samma län)
Västra Götalands County
(Göteborg is in the same county)

Högsta punkt / Highest point

Björnerödspiggen: 222 m.ö.h
Björnerödspiggen: 222 metres above sea level

Största sjö / Largest lake

Bullaresjöarna

Landskapsblomma / Province's flower

Vildkaprifol
Woodbine

Landskapsdjur / Province's animal

Knubbsäl
Harbour Seal

Landskapsfisk / Province's fish

Makrill
Mackerel

Landskapsfågel / Province's bird

Strandskata
Oystercatcher

KARTA / MAP

Strömstad
Grebbestad
Fjällbacka
Hamburgsund
Bovallstrand
Hunnebostrand
Smögen

Lysekil
Fiskebäckskil
Grundsund
Gullholmen
Käringön
Mollösund
Klädesholmen
Marstrand
Göteborg
N
W
E
S

GÖTEBORG

57 42,7 N   11 58,0 E

Kungsportsavenyn / The avenue Kungsportsavenyn

GÖTEBORG

Göteborg är Sveriges näst största stad med omkring en halv miljon invånare. Staden ligger i Västergötland vid Göta älvs mynning i Kattegatt. Göteborg grundades 1621 av kung Gustav II Adolf och planlades av holländare. Handel och sjöfart präglade Göteborg som tidigt blev en internationell stad. Under 1600-talet talades holländska, tyska, svenska och engelska som officiella språk! Göteborg har alltid varit en sjöfartsstad och 1731 startade Ostindiska kompaniet en handelsrutt till Kina. Under 1800-talet industrialiserades Göteborg snabbt tack vare inflyttade engelska och skotska affärsmän.

Det moderna Göteborg med sina breda boulevarder, gröna parkområden och solida stenhus byggdes i slutet av 1800- och början av 1900-talen. Under förra seklet växte ett antal stora företag fram i Göteborg. Skeppsvarv som Götaverken, Lindholmen och Eriksberg och verkstadsföretag som SKF och Volvo är klassiska industrier.

I dag kan Göteborg betecknas som både en industri- och kunskapsstad. I staden finns ett universitet och en teknisk högskola och massor av tjänsteföretag.

Det finns många kända områden, byggnader och attraktioner i Göteborg: nordens största nöjespark Liseberg, evenemangsarenan Ullevi, fiskmarknaden Feskekörka, den 900 meter långa Älvsborgsbron, paradgatan Kungsportsavenyn, Göteborgs hamn, Götaplatsen med kända statyn Poseidon, Konserthuset, Stadsteatern och Göteborgs konstmuseum är bara några exempel. Ett annat känt landmärke är den 86 meter höga Skanskaskrapan eller "läppstiftet" som den kallas i folkmun.

En perfekt plats för en fika på ett mysigt kafé är idylliska stadsdelen Haga. Göteborg har ett rikt nöjesliv med barer och flotta restauranger som kantar krogstråken längs Avenyn. Den kanske mest kända restaurangen är Sjömagasinet, som ligger nere vid Älvsborgsbron. Ett antal stora evenemang anordnas i Göteborg varje år. Ett exempel är Gothia Cup som är världens största fotbollsturnering för ungdomar. Ett annat exempel är Svenska Mässan med 7000 utställare och cirka 1 miljon besökare varje år.

GOTHENBURG

Gothenburg is Sweden's second largest city with around half a million residents. Gothenburg lies in the province of Västergötland by the mouth of the Göta Älv river at Kattegatt. The city was founded in 1621 by King Gustav II Adolf, and was planned by Dutchmen. As a city, Gothenburg was originally characterised by commerce and maritime trade, and became a city of international renown early in its history. Dutch, German, Swedish and English were all official languages of the city during the 17th century. A trade route to China was established by the Swedish East India Company in 1731. The rapid industrialisation that took place in Gothenburg in the 1800s was led by English immigrants and Scottish businessmen.

Modern Gothenburg with its broad boulevards, green parks and sturdy stone houses was built during the end of the 19th and beginning of the 20th centuries. Last century saw the growth of a number of large companies in Gothenburg. Shipyards such as Götaverken, Lindholmen and Eriksberg, and the engineering firms SKF and Volvo are some examples.

Today, Gothenburg is known as a city of industry and knowledge. It is home to two universities and a host of service companies.

It's also home to many famous areas, buildings and attractions: Liseberg, Scandinavia's largest amusement park, the Ullevi Arena, the Feskekörka fish market, the 900-metre long Älvsborgsbron bridge, the main avenue Kungsportsavenyn, Gothenburg Harbour, Götaplatsen and its famous statue of Poseidon, the concert hall Konserthuset, the city theatre Stadsteatern and the Göteborg Museum of Art are just a few examples. Another famous landmark is the 86-metre high skyscraper Skanskaskrapan or 'The Lipstick' as it's commonly known.

The idyllic suburb of Haga is the perfect spot for coffee and cake at a cosy café. Gothenburg has a vibrant entertainment scene with bars and exclusive restaurants that line the entertainment district. Probably the most famous of all Gothenburg's restaurants is Sjömagasinet, located down by the Älvsborgsbron bridge. A number of large events are held in Gothenburg every year. One example is the Gothia Cup – the world's largest youth football tournament. Another example is the Swedish Exhibition Centre, with 7000 exhibitors and approximately 1 million visitors each year.

Älvsborgbron / The bridge Älvsborgsbron

Segelfartyget Barken Viking vid Lilla Bommen med "läppstiftet" i bakgrunden /
The sailing ship Barken Viking at Lilla Bommen and the 'The Lipstick' as backdrop
Foto: Göran Assner

Ullevi / the Ullevi Arena

Nöjesparken Liseberg /
The amusement park Liseberg

CENTRALSTATIONEN
12
129
129
Spårvagn / Tram

Fiskhandeln Feskekôrka /
The fish market
Feskekôrka
FESKEKÔRKA
TU
IN

I Göteborg anordnas ofta stora evenemang / Major events are often held in Gothenburg

N3
N2
N1
O1
N2
02
CS CHAMPIONSHIPS

Gammalt stadskvarter i Haga / Old city quarter in Haga
Foto: Göran Assner

Restaurang Sjömagasinet /
The restaurant Sjömagasinet

Turbåten Paddan / The sightseeing boat Paddan

Poseidonstatyn / The statue of Poseidon

Tyska kyrkan / German church

MARSTRAND

57 53,1 N 11 35,2 E

Utsikt från Marstrand / View from Marstrand

MARSTRAND

Marstrand grundades redan på 1200-talet och tillhörde då Norge. Orten var tidigt en livlig handels- och fiskestad. Året runt bor cirka 1400 personer i Marstrand, men under sommarmånaderna är det mer än dubbelt så många. På sommaren kommer också flera tusen turister med småbåtar eller bil över dagen för att besöka Marstrand, som ligger cirka tre mil nordväst om Göteborg. Samhället ligger dels på Marstrandsön och dels på Koön. Koön har vägförbindelse med fastlandet, men Marstrandsön med stadens centrum når man via en bilfri färja från Koön.

Som så många andra kuststäder var Marstrand beroende av sillfisket till och med 1800-talet. Senare har staden livnärt sig genom både skeppsfrakt, fiske och handel. Under 1800-talet blev Marstrand en av Sveriges tidigaste och mest populära badorter och en extra glans spreds över staden då kung Oscar II valde att göra årliga besök.

Flera gånger har staden råkat ut för krigshärjningar och stora bränder. Trots det finns fortfarande Bohusläns äldsta stenhus bevarade, Rådhuset från 1644 och Mariakyrkan som grundades som kloster 1270. Men den största sevärdheten är förstås Carlstens fästning, som började byggas då Marstrand blev svenskt i och med freden i Roskilde år 1658. Delar av den svenska flottan förlades då hit. Byggnationerna pågick under två hela sekler. Fästningen är en av de största och bäst bevarade i norra Europa. Den fungerade som statsfängelse fram till 1855 och fångar från hela landet släpade sten till bygget. En av de mest kända fångarna var "Lasse-Maja", som var känd för att lura lagens långa arm genom att klä ut sig till kvinna.

Nuförtiden är Marstrand främst känt som Sveriges seglarstad nummer ett. Här utgår varje år Marstrandsregattan och Swedish Match Cup, då är staden full av tusentals åskådare och många internationellt kända seglare.

På Marstrandsön finns flera restauranger, kaféer och hotell och på Koön finns även camping. Staden består av gamla vackra trähus. Eftersom inga bilar är tillåtna på Marstrandsön så lämpar den sig utmärkt för promenader och upptäcktsfärder bland de charmiga husen och i den orörda naturen på västsidan.

MARSTRAND

Marstrand was established in the 13th century, when it was a part of Norway. From very early on in its history, the area was a lively commercial hub and fishing port. There are about 1,400 permanent residents in Marstrand, but in the summer months, the town swells to more than double its ordinary size. Located just 30 kilometres north-west of Gothenburg, thousands of tourists flock to Marstrand in small boats and cars on summer daytrips. The town is partly on the island of Marstrandsön and partly on the island of Koön. Koön is connected by road to the mainland, but Marstrandsön, with the city centre, can only be reached by passenger ferry from Koön.

Like so many other coastal towns, Marstrand was dependent on herring fishing up until the 18th century. Since then, the city has supported itself on maritime freight, fishing and commerce. During the 1800s, Marstrand became one of Sweden's earliest and most popular seaside resorts, and was accorded even further prestige when it became the subject of yearly visits by King Oscar II.

The city has been the scene of several armed conflicts over time, and has also suffered large fires. In spite of this, it still has the oldest stone houses in the Bohuslän province: the Town Hall, built in 1644, and the church, Mariakyrkan, which was first founded as a monastery in 1270. Without doubt the most popular attraction is Carlsten Fortress, the construction of which began when Marstrand became part of Sweden with the Treaty of Roskilde in 1658. Part of the Swedish fleet was later stationed here. The construction of the fortress spanned two centuries, and it remains one of the best preserved in northern Europe. It served as a state prison until 1855, and prisoners from all over the country were forced to transport the stone for its construction. One of the most famous prisoners was 'Lasse-Maja', who was known for avoiding the long arm of the law by disguising himself as a woman.

Today, Marstrand is best known as Sweden's sailing capital. The Marstrand Regatta and the Swedish Match Cup are held here annually, at which time the city fills with thousands of spectators and internationally renowned sailors.

There are a number of restaurants, cafés and hotels in Marstrand, and even a camping site on Koön. The city is made up of beautiful, old wooden houses. As no cars are allowed on Marstrandsön island, it's a great place for walking and to explore the town's charming houses and the pristine nature on the west side of the island.

Kajaker i hamnen / Kayaks in the harbour

Grand Hotel Marstrand

Hamnen med Carlstens fästning i bakgrunden /
The harbour with Carlsten Fortress as backdrop

Foto: Lisa Nestorson

Naturhamn / Nature harbour

KLÄDESHOLMEN

57 56,8 N   11 32,2 E

Småbåtshamn / Harbour for pleasure crafts

KLÄDESHOLMEN

Klädesholmen ligger i Tjörns kommun och består egentligen av två öar, Klädesholmen och Koholmen. Man tror att de första bosättarna kom hit redan under 1200-talet. Liksom många andra ö och kustsamhällen i Bohuslän fick Klädesholmen ett kraftigt uppsving under den så kallade sillperioden 1747-1809. När sillen försvann blev det ont om jobb, befolkningen minskade kraftigt under en period och fattigdomen var svår. Mot slutet av 1800-talet återvände sillen och Klädesholmen fick en ny glansperiod med en omfattande beredningsindustri av fisk. Befolkningen växte och även Koholmen bebyggdes. 1920 bodde närmare tusen människor på de två öarna. Mellan 1930 och 1950 satsades stora resurser på sillkonservindustrin och under en period fanns hela 25 fabriker i samhället. Även andra inläggningar som räkor, makrill, hummer, kräftor etc. gjordes. 1983 byggdes bron till Tjörn (dessförinnan fanns bara personfärja / bilfärja).

I dag finns bara ett fåtal konservfabriker kvar på Klädesholmen. Samhället har dock ett aktivt turism- och näringsliv året runt, det finns en skola, ett bibliotek, en fotbollsplan, en kyrka, diverse samhällsföreningar och flera restauranger och kaféer. En populär restaurang heter Salt & Sill. Det finns också ett intressant museum som heter "Sillebua". Där visas samhällets och fiskerinäringens utveckling upp i utställningsform.

Många av husen på Klädesholmen ägs i dag av badgäster som tillbringar somrarna här. Hustyperna är varierande. Gatunamn som Skomakaregatan, Fiskargränd, Sillgränd etc. har en tydlig koppling till de hantverkare och fiskare som en gång bott i husen. Längst ut i väst, på lilla Skabholmen, reser sig skulpturen "Tro, hopp och kärlek" skapad av Claes Hakes. Extra festligt är det på Klädesholmen i juli, den första lördagen i denna månad firas nämligen "Samhällets dag".

KLÄDESHOLMEN

Klädesholmen is located in Tjörn Municipality and consists of two islands, Klädesholmen and Koholmen. It is thought that the first inhabitants settled here in the beginning of the 13th century. Like many of the islands and coastal towns in the Bohuslän province, Klädesholmen experienced a boom time during the so-called 'Herring Period' of 1747 to 1809. When the herring ran out, employment became hard to find and the population declined significantly as poverty spread. The herring returned towards the end of the 1800s, which lead to a new boom time in Klädesholmen with the establishment of a large fish processing plant. The population increased once again and Koholmen was established. In 1920, nearly 1,000 residents lived on the two islands. Large investments were made in the herring canning industry between 1930 and 1950, during which time there were as many as 25 factories located within the community. The preserving of prawn, mackerel, lobster, crayfish and more also took place there. A bridge to Tjörn was built in 1983 (previously passenger and vehicle ferries had provided the only means of access to the island).

Today there are only a handful of canneries left on Klädesholmen. The community does have, however, an active year-round tourism industry and business community. There is a school, library, soccer pitch, church, various community associations and a number of restaurants and cafés. One popular restaurant is Salt & Sill. There's also an interesting museum called 'Sillebua', with an exhibition on the town's and fishing industry's development.

Many of the houses on Klädesholmen are today owned by summer guests. The types of houses vary. Street names such as Shoemaker Street, Fisherman Alley, Herring Alley and others have a clear association with the craftsmen and fishermen who once lived in the houses. At its western-most tip, on little Skabholmen, stands the sculpture entitled 'Faith, Hope and Love', by Claes Hakes. July is an especially festive time on Klädesholmen, the first Saturday of the month being celebrated as 'Community Day'.

Gatuskylt / Street sign

Badgäster / Summer guests

Vy över Klädesholmen / View of Klädesholmen

Restaurangen Salt & Sill / The restaurant Salt & Sill

Träsnipa / Wooden boat

Lokal snaps / Local schnapps

MOLLÖSUND

58 04,4 N 11 28,2 E

Gästhamnen / The guest harbour

MOLLÖSUND

Mollösund är ett fiskesamhälle som ligger längst ut på en udde på Orust. Samhället är ett av landets äldsta fiskelägen med anor från 1500-talet. Historiskt var Mollösund en knutpunkt för det lukrativa sillfisket men även boskapsskötsel har varit en inkomstkälla i perioder då fisket varit dåligt. Vid 1900-talets början bodde runt tusen människor i Mollösund. Sedan dess har befolkningen minskat avsevärt. Trots det finns några yrkesfiskare kvar och även en fiskberedningsfabrik. På Mollön torkas fortfarande långa för framställandet av lutfisk. Det finns också ett hembygdsmuseum där man kan se hur fiskarbefolkningen levde förr.

Den pittoreska gästhamnen med sina mysiga sjöbodar och tidstypiska västkusthus ligger väl skyddad från hårt väder och är populär bland seglare. Författaren Ivar Lo Johansson, som var sommargäst i Mollösund under många år, lär ha sagt följande om huvudgatan nere vid hamnen. "Vore jag musiker skulle jag komponera Mollösundsgatans symfoni, när blåsten visslar på denna underbara gata, som jag älskar. Ett stort musikaliskt epos är du."

Under sommarhalvåret blommar Mollösund upp. Sommargästerna trängs på de trevliga restauranger som finns i hamnområdet. En av restaurangerna heter Café Emma och serverar den bohusländska specialiteten äggost, gjord efter eget recept.

På utsiktsplatsen Klockeberget står träskulpturen "fiskarhustrun" och spanar ut över havet. Träskulpturen restes under 1990-talet till minne av alla fiskarhustrur och barn som spejat ut över havet efter hemvändande fiskebåtar. Om man promenerar en bit över de stora kala klippor som karaktäriserar området kring Mollösund finns ett par fina badplatser och ett hopptorn.

MOLLÖSUND

Mollösund is a fishing community on the tip of Orust island. The town is one of the country's oldest fishing villages, with a history dating back to the 1500s. Historically, Mollösund was a hub for the lucrative herring industry, though cattle farming also provided income for the town during periods when fishing was poor. About 1,000 residents lived in Mollösund at the beginning of the 20th century. Since then the population has decreased significantly. In spite of this, a few professional fishermen still remain, together with one fish processing factory. Even today, the ling fish is still dried on Mollön to make the dish 'lutfisk'. There is also a community heritage museum where you can see how Mollösund's fishermen lived in times gone by.

The picturesque guest harbour with its cosy boathouses and houses built in the West Coast-style of the era are well protected from harsh weather and is popular with sailors. The author Ivar Lo Johansson, who was a summer visitor to Mollösund for many years, is claimed to have said the following about the main street down by the harbour: "Were I a musician, I would compose Mollösund Street's symphony - where the wind whistles down this wonderful street, the street that I love. A great musical epic, are you."

Mollösund blossoms during the summer months as visitors fill the charming restaurants of the harbour area. One of the restaurants, Café Emma, serves the Bohuslän specialty, egg cheese, from its own recipe.

The wooden sculpture 'The Fisherman's Wife' stands with arms outstretched towards the sea at the Klockeberget overlook. It was erected during the 1990s in memory of all the wives and children of the past who have scanned the waves for homeward-bound fishing boats. Walk a little way over the big, bare cliffs which characterise the area around Mollösund and you'll find a couple of nice spots for swimming and even a diving tower.

Äggost / Egg cheese

Kajpromenaden / The quay promenade

Vy mot havet / View of the sea

Hopptorn / Diving tower

Vy från Galgeberget /
View from the hill Galgeberget

Lilla hamnen / The small harbour

KÄRINGÖN

58 06,8 N 11 22,1 E

KÄRINGÖN

Käringön är en liten ö utanför Orust med ungefär hundra åretruntboende. Historiskt sett har Käringön varit ett viktigt och välkänt fiskeläge i alla fall sedan 1600-talet. Vid förra sekelskiftet hade Käringön omkring 600 invånare och ett stort antal rejäla båtar för så kallat storsjöfiske, dvs. det mer långväga fiske som bedrevs på Nordsjön och i Atlanten.

Var det speciella namnet Käringön kommer från vet ingen säkert. En teori är att när männen drog i väg på storsjöfisket blev det mest kvinnor kvar på ön. En annan teori gör gällande att namnet helt enkelt kommer från "käring" som också är ett slags sjömärke (ett litet stentorn eller röse).

Käringön var länge en så kallad Kronoholme vilket betydde att marken ägdes av staten (kronan). Förutom fiskare fanns tidigt lotsar och kustbevakning på ön. När tiderna förändrades gick Käringön från fiskenäring till turism och restaurang-verksamhet. Sjöräddningsstationen från 1920 finns fortfarande kvar. Sommartid är Käringön en populär plats med livlig gästhamn och många badgäster som hyr de pittoreska husen. På ön finns bland annat kyrka, matvarubutik, fiskaffär, konstateljé, vandrarhem, hotell och restauranger. En av dessa heter Petersons krog och anses vara en av Bohusläns bästa fiskrestauranger. I hamnen finns också ett handelshus med hotell- och konferensanläggning. Strax utanför handelshuset står en staty föreställande, ja just det, en käring.

KÄRINGÖN

Käringön is a little island off of Orust with a population of about 100 permanent residents. Käringön has been an important and well-known fishing spot as far back as the 1600s. At the turn of the last century, Käringön had around 600 residents and a large number of sizeable boats for professional fishing, that is, the long-distance fishing practiced in the Atlantic and the North Sea.

The origins of the island's name, which could mean 'Old Woman Isle' are uncertain. One theory goes that when the men cast off for their long fishing trips, it was mostly women left on the island. Another theory about the origin of the name runs that it derived from 'käring', which is a kind of beacon (a little stone tower or cairn).

Käringön was for many years a Kronoholme which means it was owned by the state. Apart from fishermen, there were also pilots and coastguards on the island from early in its history. Over time, the main activity on the island changed from fishing to tourism and hospitality. The lifeboat station from the 1920s still stands. Käringön is a popular place in the summer with a lively guest harbour and many summer guests who rent the picturesque houses. Amongst other things, the island also has a church, supermarket, fishmonger, art gallery, hostel, hotel and restaurants. One of these restaurants, Petersons Krog, is considered one of Bohuslän's best seafood restaurants. There is a trading house with a hotel and conference facility at the harbour. There's a statue just outside this house of – you guessed it – an old woman.

Makrill / Mackerel

Ostronbaren /The oyster bar

Sjöbodar / Boathouses

Statyn Käringen / The statue Käringen

Typiskt västkusthus / Typical west coast house

Fyr / Lighthouse

GULLHOLMEN

58 10,8 N 11 24,3 E

Utsikt över sundet / View of the strait

GULLHOLMEN

Gullholmen är en ö som ligger en bit ut i kustbandet utanför Orust. Samhället är ett av västkustens äldsta fiskelägen och här bodde troligtvis folk redan på 1200-talet. Under sillperioderna på 1700- och 1800-talet växte Gullholmen snabbt och en konservfabrik, ett salteri, en skola och ett segelmakeri byggdes på ön. Man började använda så kallade kuttrar för fiske och frakt och Gullholmen blev ett skeppar- och fiskesamhälle av rang. Efter första världskriget avtog fisket på grund av dålig lönsamhet. Skolan och konservfabriken lades ner. Sämre tider stundade och de flesta av husen såldes under 1900-talet till badgäster. Bebyggelsen ligger dels på den lilla ön Gullholmen, dels på Härmanö. Mycket av den gamla arkitekturen finns bevarad, de pampiga sjökaptenshusen med vackra träsniderier trängs med de enkla fiskestugorna. Husen står tätt tillsammans och de snirkliga gränderna är många och karaktäristiska för den lilla ön.

Bland sevärdheterna kan nämnas museerna Skepparhuset, byggt i slutet av 1800-talet, i dag sjöfarts- och fiskemuseum och Stenstugan, en välbevarad stuga från 1800-talet. Båda är väl värda ett besök. Ön kan också stoltsera med en egen biograf. Antalet åretruntboende på Gullholmen är i dag inte fler än 140 men sommarhushållen är minst lika många.

Ön har ingen broförbindelse med fastlandet men det finns en personfärja till Tuvesvik på Orust. Som kuriosa kan nämnas att filmen ”Underbara älskade”, med Michael Nyqvist i huvudrollen, spelades in på Gullholmen.

GULLHOLMEN

Gullholmen island is a little further out along the coast, off of Orust. The village is one of the West Coast's oldest fishing sites, with a history believed to date back as far as the 13th century. During the Herring Age of the 1700 and 1800s, Gullholmen grew rapidly and a cannery, curing house, school and sailmaker's shop were built on the island. So-called cutters also began to be used for fishing and goods transport and Gullholmen became an important shipping and fishing port. Fishing declined after World War I due to poor returns. The school and the cannery were also closed. Hard times fell on the village and the majority of houses were sold during the last century to summertime tourists drawn to the sea and the cliffs. The settlement lies partly on the small island of Gullholmen and partly on Härmanö island. Much of the original architecture has survived, the grand homes of captains with their beautiful woodwork jostle for place amongst the rustic fishermen's huts. The houses stand nestled closely together and the many winding alleys are characteristic of the little island.

Amongst the places of interest are Skepparhuset, built at the end of the 1800s, which is home to the maritime and fishing museum, and Stenstugan, a well-preserved 19th century cottage. Both are well worth a visit. The island even boasts its own cinema. The number of permanent residents on Gullholmen is today not more than 140, but the island's population more than doubles during the summer.

There is no bridge to the island from the mainland, but there is a passenger ferry which runs to Tuvesvik on Orust. An interesting tidbit about the island is that the Swedish film, 'Underbara älskade', with Michael Nyqvist in the starring role, was filmed on Gullholmen.

Sundet mellan Gullholmen och Härmanö /
The strait between Gullholmen and Härmanö

Träbåtsdäck / Wooden boatdeck

Sjöbod / Boathouse

Skepparhuset museum / The museum Skepparhuset

GRUNDSUND

58 12,9 N 11 25,1 E

Grundsunds kanal / The canal in Grundsund
Foto: Lisa Nestorson

GRUNDSUND

Grundsund ligger längst ut på Skaftö i Lysekils kommun och har ungefär 700 bofasta invånare. Bebyggelsen finns både på Skaftö och på Ösö och sundet mellan öarna har gett samhället dess namn.

Fisket har alltid haft en dominerande ställning i Grundsund, vilket syns på byggnaderna, som behållit sin småskalighet och sparsamma utsmyckning. Fiskarsamhället omvandlades aldrig riktigt till skepparsamhälle och badort, som på många andra håll under 1800-talet. Sillperioden i mitten av 1700-talet hade stor betydelse för Grundsund, som då var uppdelat i tre mindre områden; Ösö, Bovik och Värbo. Bebyggelsen växte och år 1800 bodde cirka 400 personer i området som gick samman under namnet Grundsund. Efter sillperioden överlevde folket genom att börja fiska torsk och långa med stora båtar och långrevar långt ute till havs.

En mindre sillperiod i slutet av 1800-talet gjorde att samhället växte ytterligare med bodar, magasin, rökeri och salterier. Grundsund bytte ut sin fiskeflotta mot modernare kutterbåtar. 1920 var det Bohusläns största fiskeläge med 1350 invånare. Grundsunds kyrka byggdes 1799. Tornet kom till 1818. Kyrkan har byggts om och byggts till flera gånger och 1973 genomfördes en stor renovering. Stora delar av TV-serien "Saltön" spelades in i Grundsund och omgivningarna däromkring. Hamnen, restaurangen och torget är välbekanta miljöer för dem som följde serien. I Grundsund finns ett vandrarhem och en gästhamn som erbjuder övernattningsmöjligheter.

En långpromenad bort ligger Islandsbergs huvud, en 52 meter hög klippa. Havet utanför är en fruktad sjöpassage och betraktas som en av de svåraste infartslederna längs kusten. På berget står ett vitt kummel och längst ut mot havet ligger ett hus som även det målats vitt för att synas som landmärke. Huset har använts både som bostad och som fyr. På 1890-talet bodde Evert Taube då och då här hos sin morbror fyrvaktaren. En annan plats där Taube gärna tillbringade tid var hos Handelsman Flink på närbelägna Flatön. Den gamla handelsboden är i princip intakt och väl värd ett besök.

GRUNDSUND

Grundsund lies on the tip of Skaftö island in Lysekil municipality and has about 700 permanent residents. The settlement is spread across both Skaftö and Ösö islands and the strait between the islands gives the community its name. In English, Grundsund means shallow straight.

Fishing has always been the mainstay in Grundsund, a fact that is evident from its buildings, which have retained their modest design. The fishing community never really evolved into an area for shipping and bathing, as many others did during the 1800s. The Herring Age of the mid-1700s had a great impact on Grundsund, which was then divided into three parts; Ösö, Bovik and Värbo. The settlement grew, so that by 1800 there were approximately 400 residents living in the area known as Grundsund. After the Herring Age, the people here made a living from fishing cod and ling with large boats and long lines far out to sea.

A smaller Herring Age at the end of the 1800s saw the village expand further with shacks, warehouses, and smoke and curing houses. Grundsund soon replaced its fishing fleet for more modern cutters. In 1920 it was the province of Bohuslän's largest fishing port, with 1350 residents. Grundsund's church was built in 1799. The spire was added in 1818. The church has been rebuilt and added on to several times, and a large renovation was undertaken in 1973. Large parts of the Swedish television series "Saltön" were filmed in Grundsund and its surroundings. The harbour, restaurant and village square are all well known to fans of the series. In Grundsund there is a hostel and a guest harbour which offer overnight accommodation.

A long walk from the village lies Islandsbergs huvud – a 52-meter high cliff. The sea below is a treacherous passage of water and is considered to be one of the coast's most difficult approaches. A white cairn stands atop the cliff, and on the tip of the land lies a house, also painted white, which serves as a landmark. The house is used both as a residence and lighthouse. In the 1890s, swedish singer-songwriter Evert Taube stayed here from time to time with his maternal uncle, who was the lighthouse keeper. Another place where Taube gladly spent time was with the shopkeeper Flink, on close-by Flatön island. The old shop is still largely intact and is well worth a visit.

Restaurangen hos Handelsman Flink /
The restaurant at Handelsman Flink

Lokal öl / Local beer

Olika typer av sjöbodar / Different types of boathouses

Gammal fiskebåt i trä /
Old fishing boat of wood

Handelsman Flinks handelsbod /
The old grocery shop Handelsman Flink

Sjönära boende / Room with a seaview

FISKEBÄCKSKIL

58 14,6 N 11 27,6 E

Vy av samhället / View of the village

FISKEBÄCKSKIL

Fiskebäckskil är ett gammalt fiskeläge och skepparsamhälle som ligger vid inloppet till Gullmarsfjorden, mitt emot Lysekil. Fiskebäckskil har ungefär 450 fastboende och här finns flera trevliga restauranger och krogar. Småbåtshamnen "Lyckans slip" är känd som en av västkustens bästa. Sillen som sökte sig in från havet lockade de första bosättarna till Skaftölandet redan i slutet av 1500-talet. Under 1800-talet förändrades inkomstkällorna och allt fler skeppare och handlare i sjöfrakt utvecklade samhället genom att bygga stora villor och kaptenshus. Fiskebäckskil hade Bohusläns största fraktflotta med ett 60-tal skutor, men när lönsamheten så småningom minskade inom skeppsfrakt blev samhället mer och mer inriktat på badgäster och badortsliv. Redan på 1950-talet var över hälften av alla hus i Fiskebäckskil i sommargästers ägo, och numera är de flesta hus sommarbostäder.

Redan på 1870-talet byggdes badhus, restaurang och kafé. Många ortsbor fick en välkommen extrainkomst genom att hyra ut rum till badgäster. Under tidigt 1900-tal tog en befolkning på 500 personer emot uppåt 1000 badgäster och många hus byggdes till och utsmyckades med snickarglädje och vackra glasverandor för sommargästernas skull.

En berömd person från orten är konstnären Carl Wilhelmsson som varit elev till både Carl Larsson och Bruno Liljefors. Han föddes 1866 i en fiskarfamilj och ligger nu begravd vid Fiskebäckskils kyrka, som byggdes 1772. Carl Wilhelmsson målade gärna av ortsbor i deras dagliga umbäranden. Hans ateljé finns kvar i Fiskebäckskil. Här finns också konsthallen Saltarvet, med samtidskonst och en permanentutställning av Lena Cronqvist.

I utkanten av samhället ligger Kristinebergs Marina Forskningsstation. Stationen grundades 1877 och är Sveriges största fältstation för marin forskning, med två välutrustade forskningsfartyg. Gullmarn är Bohusläns största fjord och ett marint reservat och naturvårdsområde.

T/S Kvartsita är ett stort vackert segelfartyg med hemmahamn i Fiskebäckskil. Kvartsita ägs och drivs av den ideella föreningen "För fulla segel".

FISKEBÄCKSKIL

Fiskebäckskil is an old fishing port and sailor's village which lies by the entrance to Gullmarsfjorden, across from Lysekil. Fiskebäckskil has around 450 permanent residents as well as a number of nice restaurants and bars. The small-vessel harbour 'Lyckans slip' is known as one of the West Coast's finest. The herring coming in from the sea drew the first settlers to Skaftölandet island at the end of the 16th century. The livelihood of the community changed in the 1800s, when more and more mariners and maritime traders developed the area by building large villas and houses for ship captains. Fiskebäckskil had Bohuslän's largest commercial fleet with over 60 barges, but as income from maritime freight dwindled, the community gradually became a seaside resort. By the 1950s, more than half of all the houses in Fiskebäckskil were owned by summer residents, and today the majority are summer homes.

A bathing house, restaurant and café were already in existence as early as the 1870s. Many of the local residents had a welcome source of additional income through the renting of rooms to holidaymakers. In the beginning of the 20th century, a population of 500 received more than 1000 visitors and many houses were built and artfully decorated with beautiful glass verandas for the sake of the summer tourists.

A famous resident of the area was the artist Carl Wilhelmsson, who was a student of both Carl Larsson and Bruno Liljefors. He was born in 1866 into a fishing family and is buried by Fiskebäckskil church, which was build in 1772. Carl Wilhelmsson often painted the inhabitants of the region in their daily hardships. His studio still stands in Fiskebäckskil. The modern art gallery Saltarvet is also located here, in which there is a permanent exhibition by Lena Cronqvist.

At the edge of the village is Kristineberg Marina Research Station. The station was established in 1877 and is Sweden's largest field station for marine research, with two well-equipped research vessels. Gullmarn is Bohuslän's largest fjord and a marine reservation and conservation area.

T/S Kvartsita is a large, beautiful sailboat with its home port at Fiskebäckskil. Kvartsita is owned and operated by the non-profit association 'För fulla segel'.

Sjöbodar / Boathouses

Segelfartyget T/S Kvartsita / The sailboat T/S Kvartsita

Vy över sundet / View of the strait

Svenska flaggan / The Swedish flag

Sekelskifteshus / House from the turn of last century

LYSEKIL

58 16,5 N 11 26,3 E

Utsikt över Gullmarsfjorden / View of the fjord Gullmaren

LYSEKIL

Lysekil har ett unikt läge längst ute på Stångenäset vid Gullmarsfjorden, med både väg, järnvägsförbindelse och en isfri djuphamn med sjöfart till Europas hamnar. Staden har 7200 invånare och en historia som ett av Bohusläns största fiskelägen med konservfabriker, salterier och tunnbinderier. Skillnaden mot övriga små fiskesamhällen var att i Lysekil fanns flera olika näringsgrenar. Industrin växte fram samtidigt som både fiske, sjöfart, jordbruk, stenhuggeri och badortsliv tog fart. Ursprungligen hörde platsen Lysekil till Lyse gård. Redan på 1500-talet hade Lysekil egen kyrka och präst. Den nuvarande kyrkan i bohusgranit byggdes 1901.

Sedan mitten av 1800-talet är Lysekil en populär badort, då en bad- och kurortsanstalt öppnades 1847. Läkaren Carl Curman kom som stadens förste badläkare och han hade stora ambitioner både när det gällde arkitekturen och hälsan i staden. Under slutet av 1800-talet tillkom varmbadhus, restaurang, societetshus och kallbadhus. De Curmanska villorna och Havsbadparken kan besökas än idag.

Det ursprungliga Lysekil består idag av Gamlestan med sina charmiga gamla hus. Staden har också flera marinor för besökande småbåtar, och turbåtar ut i skärgården till bland annat Käringön och Gullholmen. Väster om Lysekil ligger naturreservatet Stångehuvud med karaktäristiska röda granitbälten som skär genom öarna.

I Lysekil ligger Havets Hus som är ett havsakvarium där man kan se mer än hundra olika djurarter från västerhavet. I tunnelakvariet med 140 000 liter havsvatten omges man av torskar, pigghajar och många andra arter.

Lysekil är också känt för segling och här anordnas Lysekil Womens Match, matchracingtävling för världseliten av kvinnliga seglare.

LYSEKIL

Lysekil is uniquely-located on the furthermost tip of Stångenäset by Gullmarsfjorden, with both road and rail access and an ice-free deep port with sea-links to European ports. The town has 7,200 residents and a history as one of Bohuslän's largest fishing ports with canneries, curing houses and cooperages. Compared to other small fishing communities, Lysekil had a diverse range of industries as its lifeblood. Fishing, maritime freight, farming, masonry, and tourism industries all grew up side by side. Lysekil was originally part of Lyse Gård. As early as the 1500s, Lysekil had its own church and priest. The present-day church was built in 1901 of Bohus granite.

Since the middle of the 1800s, Lysekil has been a popular seaside resort, with a bath and health spa opening in 1847. Doctor Carl Curman was the city's first spa physician and had great ambitions when it came to both architecture and health in the city. A heated bath, restaurant, casino and open-air bath were opened at the end of the 1800s. The Curmanian houses and Havsbadparken are still open to visitors.

The original Lysekil consists today of the old town (Gamlestan), with its charming old houses. The city also has several marinas for visiting pleasure craft, and boat tours through the archipelago to Käringön and Gullholmen, amongst other places. West of Lysekil is the nature reserve Stångehuvud, with its characteristic belts of red granite that cut through the islands.

The sea aquarium, Havets Hus, is also found in Lysekil. Here you can see more than 100 different Skagerrak species on display. The tunnel aquarium, with its 140,000 litres of seawater, allows you to pass through surrounded by schools of cod, spiny dogfish and other species.

Lysekil is also known for sailing. Lysekil Women's Match, a match race for the world's elite female yachters, is held here annually.

Stadshotellet / The City Hotel

Havsakvariet Havets Hus /
The sea aquarium, Havets Hus

Lysekils kyrka / The church of Lysekil

Livboj / Rescue buoy

Fiskmås / Seagull

SMÖGEN

58 21,3 N   11 13,2 E

Bryggan i hamnen / The jetty along the harbour

SMÖGEN

Smögen ligger allra längst ut mot havet på Sotenäset, fyra mil norr om Uddevalla. Samhället har 1500 invånare och är byggt på en samling småöar; Smögenön, Kleven, Sandön och Hasselön, som ligger så tätt ihop att mellanrummen fyllts ut. År 1970 byggdes Smögenbron och samhället fick landförbindelse och bilväg till grannorten Kungshamn. Den lilla kanalen, "Smyghålet" längst in i hamnen tros vara upphov till namnet Smögen, som omnämns för första gången i slutet av 1500-talet. Det var havet som dikterade villkoren för de tidiga Smögenborna. De kala klipphällarna gav inte mycket möjlighet att odla jord eller att ge mat till boskap. Fisket var därför den dominerande inkomstkällan.

Smögens Havsbad byggdes år 1900, och med det startade den stora badgäströrelsen som gav invånarna nya inkomster vid sidan av fisket. På 1930- och 40- talet var Smögen en badort dit societeten reste för att uppleva klippbaden och den hälsosamma luften. Hembygdsföreningen driver två museer, Sjöboden och Fiskestugan, där man kan uppleva hur Smögenbon levde och arbetade förr i tiden.

Fortfarande finns Sveriges näst största fiskeauktion på Smögen och den 600 meter långa bryggan i hamnen är ett av Bohusläns mest kända turistmål. Här shoppar man, tittar på båtlivet och äter på uteserveringarna vid kajen.
Gästhamnen är fullbelagd under högsäsong och krogarna likaså. Nöjeslivet går på högvarv under semestermånaderna med många endagsturister, sportfiskare och soldyrkare. En specialitet i hamnen är de dagsfärska smögenräkorna. I samhällets södra delar ligger charmiga välbevarade dubbelhus från 1800-talet vid smala stigar över berghällarna. I de nordöstra delarna ligger ett nyare område, Hasselösund, som har vuxit i och med att Smögenbron till fastlandet kom till.

På vintern 1917 bodde Evert Taube i Smögen. Han ska enligt historien ha uppträtt med gitarr och framfört egna visor på Godtemplarlogen.

SMÖGEN

Smögen lies on the furthermost tip of Sotenäset, 40 kilometres north of Uddevalla. It has a population of 1,500 and is built of a group of islets, Smögenön, Kleven, Sandön and Hasselön, which lie so close together that the space between has been filled in. The Smögen bridge was built in 1970 and the village was connected to the mainland and the area of Kungshamn. The little canal 'Smyghålet' in the harbour is thought to have given Smögen its name, which was renamed for the first time at the end of the 16th century. It was the sea which steered the lives of the early inhabitants of Smögen. The ground consists of bare rock slabs, giving little possibility to farming or to raise cattle, and fishing was the dominant industry, with boom periods during the Herring Ages.

Smögen's seaside resort was built in 1900, which gave rise to an influx of tourists, providing income to supplement what residents earned from fishing. Smögen became popular among the upper class in the 1930s and 1940s for its bare rock shorelines and fresh sea air. The local heritage association runs two museums, Sjöboden and Fiskestugan, where you can see how residents of Smögen lived and worked in earlier times.

The fish auction at Smögen is still Sweden's second largest, and the 600-metre long jetty out into the harbour is one of Bohuslän's best-known tourist attractions. Here you can shop, take in the boats on the harbour, and eat alfresco down at the dock. The guest harbour is filled to capacity during the high season, as are the local pubs. There's lots of entertainment during the summer months, with many day-trippers, sports fishermen and sun seekers making the trip to Smögen. A harbour specialty is the freshly caught Smögen prawns. Charming, well-preserved 'double houses' from the 19th century still stand in the south of the township, by narrow paths across the rock slabs. In the northeast is the more new area of Hasselösund, which has expanded since the bridge to the mainland was built.

Evert Taube spent the winter of 1917 in Smögen. He is said to have played guitar and performed his own songs at the Good Templar lodge.

Kajak på väg in i "Smyghålet" / Kayak entering the "Smyghålet"

Fiskare / Fisherman
Foto: Lisa Nestorson

Sealodge hotell och restaurang / Sea odge, hotel and restaurant

Smögenbryggan / The Smögen jetty

Räkor / Prawns

HUNNEBOSTRAND

58 26,4 N   11 17,6 E

Utsikt över hamnen / View of the harbour

HUNNEBOSTRAND

Hunnebostrand ligger på Sotenäset i mellersta Bohuslän, fyra mil norr om Uddevalla, och har ungefär 2000 invånare. Det är ett av de allra äldsta kustsamhällena i Bohuslän med anor från 1200-talet. Först var det sillfisket som var huvudsysselsättningen för invånarna, men från mitten av 1800-talet var Hunnebostrand huvudort för den svenska stenindustrin i hundra år. Här finns Stenhuggarmuseet, som invigdes 1993 och på ett åskådliggörande sätt visar hur stenen bearbetas och hur stenhuggarens vardag såg ut. Museet ligger i ett gammalt stenbrott från 1930-talet där kunniga yrkesmän berättar om verktyg, metoder och drar anekdoter ur historien. Den grå och röda graniten från Hunnebostrand återfinns i byggnader, gator och kajer i hela Sverige och även i resten av Europa.

Hunnebostrand har en blandad bebyggelse av affärslokaler och småindustrier mixat med äldre bostadshus. Nere vid stranden finns ett äldre välbevarat område med tvåfamiljshus, så kallade dubbelhus och en rad sjöbodar. I hembygdsmuseet Gamlegården finns över tusen föremål från seklen som gått.

På sommaren är Hunnebostrand en välbesökt badort med gästhamn, restauranger och badstränder. Ett årligt evenemang är Sotekanalens dag, med jippon och festligheter.

Vid Åbyfjorden söder om Hunnebostrand ligger Nordens Ark, en djurpark för utrotningshotade arter. Där finns hotade gamla lantraser på en gård, och nordiska djur som lodjur och varg i hägn. Även utomnordiska djur som trivs i vårt klimat, till exempel snöleopard och röd panda, har fått en fristad i Nordens Ark, där besökare kan gå en tre kilometer lång promenad för att se djuren i dess naturliga miljö. Hunnebostrand är också säte för Hummerakademien, en ideell förening för hummerintresserade. Hummer, havets svarta guld, har fiskats i norra Bohuslän i flera hundra år. Hummer-akademien bygger upp en kunskapsbank om det mesta som har anknytning till hummern.

HUNNEBOSTRAND

Hunnebostrand is located on Sotenäset in central Bohuslän 40 kilometres north of Uddevalla and has around 2,000 residents. Hunnebostrand is one of the oldest settlements in Bohuslän, dating back to the 13th century. Herring fishing was originally the mainstay of the village, but for a period of 100 years from the middle 19th century, Hunnebostrand became the prime area for the Swedish quarrying industry. Opened in 1993, the Stone Cutter's Museum lets visitors see a demonstration of how stone was worked and what life as a stone cutter was like. Skilled stone cutters explain the tools of the trade, their methods and relate anecdotes from the past. The museum is in an old quarry from the 1930s. The grey and red granite from Hunnebostrand is still found in buildings, on streets and on docks throughout Sweden and even in other parts of Europe.

The village of Hunnebostrand comprises a mix of businesses and small industry together with older residences. An older, well-maintained area of two family houses, also called 'double houses' and a row of boathouses still stand down by the beach. The local museum, Gamlegården, houses over 1,000 artefacts from the past centuries in Hunnebostrand.

During the summer, Hunnebostrand is a popular seaside tourist destination, with its guest harbour, restaurants and beaches. 'Sote Canal Day' is celebrated yearly, with entertainment and festivities.

At Åbyfjorden, south of Hunnebostrand, is the Nordic Ark, a zoo for endangered species. It is home to native species of the area, along with wild Nordic animals like the lynx and wolf. Even foreign species thrive in Bohuslän's climate. The snow leopard and the red panda, for example, have found a sanctuary here. Visitors can enjoy a 3-kilometre walking tour which showcases the animals in a natural environment. Hunnebostrand is also the home of the Lobster Academy (Hummerakademien), a non-profit association for lobster enthusiasts. Lobster, the black gold of the sea, have been fished in northern Bohuslän for hundreds of years. The Lobster Academy is compiling a knowledge bank on most things about the lobster.

Röd panda på Nordens Ark /
Red panda at the Nordic Ark

Fiskaffär / Fish mongler

Hummertinor / Lobster cages

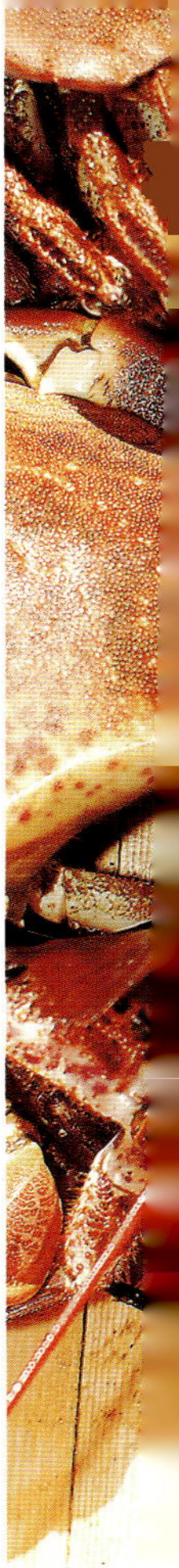

Hummer / Lobster

Hamnen / The harbour

Dagens fångst / Catch of the day

BOVALLSTRAND

58 28,6 N   11 19,2 E

Träbro över till Badholmarna / Wooden bridge to Badholmarna

BOVALLSTRAND

Bovallstrand är ett gammalt fiskeläge i Sotenäs kommun vid Bottnafjordens södra strand. Ortens skönhet har många gånger nämnts i sånger och böcker. I en text från 1585 omnämns samhället under namnet Bouwoltt. I dessa texter skrivs också om saltning och utförsel av sill under slutet av 1500-talet. Precis som i andra orter längs västkusten har fiske och fraktfart historiskt varit stora näringsgrenar. Förmodligen kommer namnet av "bosättningen vid stranden".

Farleden in till Bovallstrand är rak och tämligen problemfri vilket gjorde att det tidigt fanns en ångbåtsförbindelse till fiskeläget. Kanske var det denna fraktled som möjliggjorde att orten under en period blev ett känt stenhuggarsamhälle. Historien kring stenhuggeriet gör sig än i dag påmind i murar, grindstolpar och verandor tillhörande de äldre byggnaderna i samhället.

En iögonfallande plats i Bovallstrand är Badholmarna som består av ett antal småöar sammanbundna av träbroar. Här finns något för alla badintresserade: barnvänliga små stränder, klippbad, badhytter för omklädning, fina bryggor och ett hopptorn.

I dag bor ungefär 500 människor i Bovallsstrand. Många badgäster, bland dem en hel del kulturpersonligheter, tillbringar somrarna i Bovallstrand och dess omgivningar. I Gerlesborg, rakt över fjorden, finns en känd konstskola. Öster om samhället finns ett par fabriker och på Vikefjordsidan ligger en stugby med marina.

BOVALLSTRAND

Bovallstrand is an old fishing community in Sotenäs municipality on Bottnafjorden's southern shore. The beauty of the area has been noted in a host of songs and books. A text from 1585 mentions the town under the name of Bouwoltt. Other texts describe the curing and export of herring during the end of the 16th century. As with many other areas along the West Coast, fishing and marine freight have been the life-blood of these communities. The name Bovallstrand is presumed to be a contraction of the words 'bosättningen vid stranden', meaning 'settlement by the shore'.

The sea route leading in to Bovallstrand is straight and not particularly difficult to navigate, which allowed for the early establishment of a steamboat connection to the fishing village. It was perhaps this freight route which made the area a well-known quarrying town for a time. The quarrying history of the town is still seen in the walls, gateposts and verandas of the older buildings here.

A striking site in Bovallstrand is Badholmarna, which consists of a number of islets connected by wooden bridges. There's lots here for swimmers: child-friendly strips of beach, sunbathing on the stone slabs, changing rooms, nice jetties and a diving tower.

Today approximately 500 people live in Bovallstrand. Many tourists are drawn to the area (including some celebrities) and spend their summers here. Straight across the fjord in Gerlesborg is a well-known art school. East of the township are a few factories and on the Vikefjord side there is a cluster of holiday houses with a marina.

Båt i hamnen /
Boat in the harbour

Konstskolan Gerlesborg /
Gerlesborg art school

Vy över Bovallstrand / View of Bovallstrand

Typisk västkustbåt /
Typical west coast boat

Badhytt på Badholmarna / Changing rooms at Badholmarna

HAMBURGSUND

58 28,6 N 11 19,2 E

Utsikt mot Hamburgö / View of Hamburgö

HAMBURGSUND

Hamburgsund ligger i Tanums kommun och är ett gammalt kustsamhälle med rötterna i fiske, fraktfart och stenhuggeri. En del av Hamburgsund ligger på fastlandet och en del på Hamburgö. Runt 800 personer bor i samhället. Redan på 1000-talet tror man att området var en tingsplats för vikingar. I slutet av 1500-talet omnämns Hamburgsund som tullstation. Under den så kallade sillperioden under 1700-talet växte ett antal trankokerier upp längs sundet. Under 1800-talet flyttade allt fler till Hamburgsund och fraktfarten tog fart. Skutor från området fraktade trä, tegel, kol, koks, sill och sten från både Norge och Göteborg. Inte minst de stenindustrier som växte upp bidrog till den ökande fraktfarten. I början av 1900-talet var Hamburgsund tillsammans med Skärhamn de största sjöfartssamhällena i Bohuslän.

Än i dag fraktar man varor i Hamburgsund även om "skutan" i dag är en livsmedelsaffär i samhället. Fisket är fortfarande viktigt i Hamburgsund och en av fiskehamnarna i kommunen ligger här. Det finns en vägfärja över det 130 meter breda sundet och på berget ovanför färjeläget ligger vackra Hamburgsunds kapell. I Hornbore by strax söder om Hamburgsund finns en replika av en vikingaby. Flera kända filmer har spelats in i trakten av Hamburgsund. Ett exempel är "En sång för Martin" med Sven Wollter i huvudrollen. Det finns ingen koppling mellan Hamburgsund och den tyska staden Hamburg.

HAMBURGSUND

The old coastal town of Hamburgsund is in Tanum Municipality, with its roots in fishing, marine freight and quarrying. Part of Hamburgsund lies on the mainland, and the other part on Hamburgö. There are about 800 residents. It is thought that the area was home to Vikings already in the 11th century. Hamburgsund is mentioned as a toll station as early as the end of the 1500s. During the so-called Herring Age of the 18th century, a number of tryworks grew up along the sound. People moved to Hamburgsund as the marine freight industry blossomed. Barges from the area freighted wood, tiles, coal, coke herring and stone from both Norway and Gothenburg. The quarrying industries played a large part in this increase in freighting activity. At the beginning of the 20th century, Skärhamn and Hamburgsund were the largest shipping ports in Bohuslän.

Goods are still freighted in Hamburgsund today, even if the only 'barge' to be found nowadays is the local supermarket that bears the Swedish name for barge. Fishing is still an important industry in Hamburgsund, where one of the municipality's fishing harbours is found. There is a road ferry over the 130-metre wide sound and on the mountain above the ferry dock is the beautiful Hamburgsund Chapel. In Hornbore Village, just to the south, is a replica of a Viking settlement. Several well-known films such as 'A Song for Martin' starring Sven Wollter, have been shot in the Hamburgsund area. There is no connection between Hamburgsund and the German city of Hamburg.

Gammalt trähus / Old wooden house

Hamburgsund centrum / The center of Hamburgsund

Hamburgsunds kapell / Hamburgsund Chapel

Hornbore by / Hornbore Village
Foto: Judith den Hollander

Segelbåt / Sailing boat

FJÄLLBACKA

58 35,8 N   11 16,8 E

Fjällbacka brygga / The jetty in Fjällbacka

FJÄLLBACKA

Fjällbacka är ett litet fiskeläge i Tanums kommun med ungefär 800 invånare. Orten omskrivs för första gången år 1610. Fjällbacka har fått sitt namn efter det stora "fjälliknande" Vetteberget som ligger mitt i samhället.

Som så många andra fiskelägen på västkusten fick Fjällbacka ett rejält uppsving i samband med de så kallade sillperioderna på 1700- och 1800-talet. Sillsalterier och trankokerier växte upp i samhället och rederiverksamhet drogs i gång. Under mitten av 1800-talet var Fjällbacka ett av Bohusläns mest livliga fiskelägen med skutskeppare, fraktfartyg, lotsar, sjömän och fiskare i en salig blandning. Under denna tid blev den kryddade inläggningen av skarpsill så kallad "Fjellbacka-ansjovis" världsberömd.

I dag är inte sjöfarten och yrkesfisket av någon större betydelse för Fjällbacka utan den största arbetsgivaren är en förpackningsindustri. Handel, hantverk och IT finns också på listan över arbetsgivare även om det mesta handlar om turism under sommarhalvåret.

Filmstjärnan Ingrid Bergman tillbringade många somrar i Fjällbackatrakten. För att hedra henne har man rest en staty på torget som också bär hennes namn. En annan känd Fjällbackaprofil är författarinnan Camilla Läckberg. Hennes deckare utspelar sig i samhället där hon också växte upp.

Även Astrid Lindgrens sagofigur Ronja Rövardotter har en koppling till orten. Filmen om henne spelades delvis in i Kungsklyftan som går rakt genom Vetteberget. Har man bråttom till Fjällbacka finns ett mindre flygfält för privatflyg.

FJÄLLBACKA

Fjällbacka is a little fishing village in Tanum municipality with approximately 800 residents. The earliest written record of the settlement is from 1610. Fjällbacka gets its name from the large 'mountain-like' Vetteberget in the middle of the village.

Like so many of the fishing villages on the West Coast, Fjällbacka flourished during the so-called Herring Ages of the 18th and 19th centuries. Curing houses and tryworks blossomed in the community and the shipping industry took root. In the mid 1800s, Fjällbacka was one of Bohuslän's liveliest fishing villages, buzzing with the happy combination busy bargers, cargo ships, pilots, sailors and fishermen. During this period, spiced preserved sprat, so-called 'Fjellbacka anchovy', was world-renowned.

Today, the marine freight and fishing industries have been replaced in Fjällbacka by the packing industry. Commerce, handicrafts and IT are now among the industries providing employment for locals, though the largest boon to the area is still tourism during the summer months.

Film star Ingrid Bergman spent many a summer in the Fjällbacka area. A statue was erected in her honour in the town square that bears her name. Another famous Fjällbacka profile is author Camilla Läckberg. Her detective novels are set in the community where she grew up.

Astrid Lindgren's fairytale character Ronja Rövardotter, has a connection with the area. The movie about her was filmed partly in Kungsklyftan, which runs right through Vetteberget. There is even a small airfield for private planes if you want to get to Fjällbacka in a hurry.

Fjällbacka kyrka / The Fjällbacka church

Konstnär på torget / Artist in the town square
Foto: Lisa Nestorson

Fjällbacka på avstånd / Fjällbacka from a distance

Blå musslor / Common mussels

Staty av Ingrid Bergman / Statue of Ingrid Bergman

GREBBESTAD

58 41,1 N 11 15,4 E

Utsikt över Grebbestad / View of Grebbestad

GREBBESTAD

Grebbestad ligger vid en vik på fastlandet i Tanums kommun. Området har många fornminnen från sten-, brons- och järnåldern med gravfält, hällristningar och en fornnordisk stenlabyrint. Vitlycke, en liten bit från Grebbestad har blivit utsett till så kallat världsarvsområde. Det innebär att det är så värdefullt att det är en angelägenhet för hela mänskligheten. Namnet Grebbestad kommer av att det var gården Grebys båtplats. Greby är ett fornnordiskt ord för stenig mark.

I Grebbestad bor ungefär 1700 personer. Under 1800-talet förändrades samhället från att ha livnärt sig på jordbruk och fiske till att utveckla flera näringar som handel, sjöfart, konserv- och fiskeindustri. År 1858 fanns här sju fraktfartyg och några år senare anlades en konservfabrik. Välkända Abba startade sin konservfabrik här 1901. Stenindustrin gick samtidigt för högvarv och stora hamnmagasin låg på rad.

Numera är turismen den största näringen i Grebbestad och en av de största turism- och konferensanläggningarna längs kusten, Tanums Strand, ligger strax söder om stan. I dag är Grebbestad en av landets mest restaurangtäta orter och här finns gästhamn, camping, hotell och vandrarhem för besökare. På sommaren flerdubblas antalet invånare.

På torget står en staty av Evert Taube. Han bodde på Otterö utanför stan sommaren 1954, och då skrev han bland annat "En solig morgon" och "Så länge skutan kan gå".

Grebbestad är känt som Sveriges stora skaldjursmetropol. De flesta av Sveriges ostron plockas här, liksom massor av musslor. En stor del hummer, havskräfta och räkor landas vid kajen i Grebbestad som också har sitt eget bryggeri och en folkhögskola.

Den andra lördagen i juli hålls sedan 1922 den anrika Carneval Grebbestad med stort karnevalståg och mängder av aktiviteter för alla åldrar.

GREBBESTAD

Grebbestad is located beside a bay on the mainland in Tanum municipality. The area has many relics from the Stone, Bronze and Iron ages, with gravesites, rock carvings, and an Old Norse stone labyrinth. Vitlycke, not far from Grebbestad, has been designated a World Heritage site, which attests to its importance for all humanity. The name Grebbestad is derived from the fact that it was once the Greby House's berth. Greby is an Old Norse word for 'rocky ground'.

About 1,700 residents currently live in Grebbestad. The community was transformed during the 19th century from being an agricultural one to one based on fishing. It later developed several important mainstays, including commerce, maritime freight, and
canning and fishing industries. In 1858, there were seven cargo ships in the area, and only a few years later, a cannery was established. The well-known Abba company opened its first cannery here in 1901, and the row of large harbour warehouses was still standing when the quarrying industry was in full swing at the turn of last century.

Today, tourism is Grebbestad's largest industry providing one of the coast's finest tourism and conference facilities, Tanums Strand, is just to the south of the town. Today, Grebbestad has one of the country's highest concentrations of restaurants, and also boasts guest harbours, camping sites, hotels and hostels catering to visitors. The population of Grebbestad doubles during the summer each year.

In the square stands a statue of Evert Taube. He lived on Otterö just outside the township in the summer of 1954, when he wrote 'En Solig Morgon' and 'Så Lange Skutan Kan Gå', among other songs.

Grebbestad is known as Sweden's shellfish haven. The majority of Sweden's oysters are harvested here, as are many mussels. Large quantities of Norway Lobster and prawns are hauled onto the docks at Grebbestad, which also boasts its own brewery and folk high school.

Carneval Grebbestad, with its time-honoured traditions, has been held here every second Saturday in July since 1922, with a large carnival procession and many activities for all ages.

Fiskebåtar i hamnen /
Fishing boats in the harbour

Musslor / Mussels

Staty av Evert Taube / Statue of Evert Taube

Grebys skaldjurscafé / The Greby shellfish café

Greby gravfält /
Greby grave site

Hällristning i Vitlycke / Rock carving in Vitlycke

STRÖMSTAD

58 56,2 N 11 10,4 E

Vågbryt på Syd Hällsö / Breaking waves on Syd Hällsö

STRÖMSTAD

Strömstad grundades på 1500-talet som en lastplats vid Strömsåns mynning i havet. Virke var en stor handelsvara, och några år efter att Bohuslän blev svenskt 1658 fick Strömstad stadsrättigheter. Staden blev en viktig sjöfarts-, fiske- och handelsstad. Flera stora handelsskutor hade sin hemmahamn i Strömstad och i slutet av 1800-talet grundlades också badortslivet med brunnsdrickning i den hälsosamma Lejonkällan. Kallbadhus och varmbadhus byggdes där gästerna erbjöds både tångbad och gyttjebad. Under kriget mot Norge 1716-1718 var Strömstad Karl XII högkvarter. Här planerades attacken mot Fredrikstens fästning, där kungen stupade.

Strömstad ligger två mil söder om den norska gränsen som går vid Svinesund. Fortfarande är staden en viktig handels- och turiststad, och flertalet besökare är norrmän. Gränshandeln gör att staden har ett stort utbud av affärer och butiker. En hel del av de 12 000 invånarna i Strömstad är också norrmän som pendlar till hemlandet via Svinesundsbron. Strömstad ligger nära E6:an, har flera busslinjer och även järnväg.

År 1903 började strömstadsfiskarna att fiska räkor med trål, som de hade lärt sig av norrmännen. På 1930-talet blev räkfisket riktigt stort i norra Bohuslän. Som mest hade Strömstad 50 räktrålare. Strömstad kallas ofta för Räkans stad, och varje år i juli firas Räkans dag med räkskalningstävling och stora festligheter. Under sommarmånaderna fylls staden av mängder med turister. Gästhamnen är stor och det finns flera campingar, badplatser, hotell, vandrarhem, krogar och restauranger.

Fyra utmärkande byggnader i Strömstad är restaurang Skagerack i hamnen från 1877, Hotell och restaurang Laholmen på udden mellan norra och södra hamnen, Rådhuset med sitt gröna tak och Strömstads kyrka.

Från Norra hamnen går båtar till Kosteröarna, som är Sveriges västligast bebodda öar med en befolkning på cirka 300 personer. Största delen av öarna är naturreservat. Utanför Koster finns Sveriges västligaste fyrplats, Ursholmens fyr.

STRÖMSTAD

Strömstad was founded in the 16th century as a loading yard at the mouth of Strömsån River. Timber was an important commodity, and several years after Bohuslän was ceded to Sweden in 1658, Strömstad was officially conferred city status. It grew into an important maritime freight, fishing and trading town. Several large commercial barges were based out of Strömstad and at the end of the 19th century, a seaside resort was established where visitors could drink the health-restoring water from the Lejonkällan spring. Open-air and heated bathing houses where guests were offered both seaweed and mudbaths were also built. During the 1716-1718 war with Norway, Strömstad became King Karl XII's headquarters. The attack on Fredriksten Fortress, during which the King was killed, was planned here.

Strömstad lies 20 kilometres south of the Norwegian border by Svinesund. It remains an important commercial and tourist town, with the majority of its visitors coming from Norway. Cross-border trade allows Strömstad to have a wide range of shops and businesses. A large number of Strömstad's 12,000 residents are Norwegians who commute to Norway via the Svinesund Bridge. Strömstad lies close to the E6 highway and has several bus routes and a rail connection.

In 1903, Strömstad's fishermen began to use trawlers to fish prawns, a technique they learnt from their Norwegian neighbours. The prawn-fishing industry had became large in the 1930s in northern Bohuslän. At its peak, Strömstad had 50 prawn trawlers. Strömstad is often called Prawn City, and Prawn Day is celebrated here every year in July with a prawn-shelling contest and lots of festivities. During the summer, the town is filled with tourists. The guest harbour is large and there are several camping sites, places to swim, hotels, hostels, pubs and restaurants.

Four of Strömstad's most distinctive buildings are the restaurant Skagerack at the harbour, built in 1877, the hotel and restaurant Laholmen on the cape between the northern and southern harbours, the Town Hall with its green roof, and Strömstad Church.

Boats run from the Northern Harbour to Kosteröarna islands – some of Sweden's westernmost populated islands, with a population of around 300. The majority of the islands are part of a nature reserve. Ursholmen Lighthouse, Sweden's westernmost lighthouse, is just outside Koster.

Fyr på Koster / Lighthouse on Koster

Restaurang Skagerack / The restaurant Skagerack

Hummerfiske / Fishing for lobster

Rådhuset / The Town Hall

ANTECKNINGAR / NOTES

ANTECKNINGAR / NOTES

ANTECKNINGAR / NOTES

ANTECKNINGAR / NOTES

ANTECKNINGAR / NOTES

ANTECKNINGAR / NOTES

ANTECKNINGAR / NOTES